AF296101

LE TOURAN

ET LES

TOURANIENS

SUIVANT LA TRADITION PERSANE

PAR

L. RODET

PARIS

ERNEST LEROUX, ÉDITEUR

LIBRAIRE DE LA SOCIÉTÉ ASIATIQUE DE PARIS,
DE L'ÉCOLE DES LANGUES ORIENTALES VIVANTES ET DES SOCIÉTÉS ASIATIQUES DE CALCUTTA,
DE NEW-HAVEN (ÉTATS-UNIS), DE SHANGHAI (CHINE)

28, RUE BONAPARTE, 28

1877

LE TOURAN ET LES TOURANIENS

SUIVANT LA TRADITION PERSANE

Des contestations, je n'ose pas dire des discussions parfois un peu animées, se sont élevées au sein de la Société philologique à l'occasion de l'expression de « langues touraniennes », dont peut-être, il faut le reconnaître, l'école actuelle fait un emploi un peu abusif. C'est une sorte de *refugium peccatorum*, où l'on relègue tout ce qu'on ne sait trop comment classer autre part, à peu près comme les ornithologistes font de leur classe des *Passereaux*, parmi lesquels Toussenel ne peut se consoler d'entendre chanter de compagnie les rossignols et les corbeaux.

Aussi la famille « touranienne » compte-t-elle bon nombre d'adversaires dans notre Société, et ces adversaires sont précisément ceux des membres de la Compagnie qui se sont adonnés à l'étude des idiomes que l'on veut confondre sous cette dénomination un peu trop générale. Mais dans cet autre camp, on se laisse aussi entraîner trop loin, je crois. M. de Ujfalvy, notre honorable et très-docte vice-président, par exemple, ne veut absolument pas accepter l'appellation de « touranien » (V. Mélanges altaïques, *Actes de la Société philologique*, t. V, n° 1, janvier 1875), et dans cette *Revue* même (t. II, n° 1, p. 99), il termine une étude critique de quelques mots d'une langue qu'on veut faire « touranienne » par cette déclaration :

« Nous repoussons énergiquement cette appellation de *touranisme* « comme absolument impropre et anti-scientifique, quand il s'agit des « langues ougro-finnoises, samoïèdes et turques. »

Et pourtant les Persans, à qui la dénomination de *Turán* a été empruntée, entendaient désigner par ce mot quelque chose de réel : l'expression si fréquente dans leurs écrits légendaires et historiques

ایران و توران *Irân* et *Turân* n'est pas une simple assonance, ou du moins, les Iranistes ne l'ont pas comprise ainsi. Dans cette expression, *Irân*, que l'on écrivait en pârsi ﴾ *Erã*, en zend ﺳﺪﺩﺩﺩ *Airyanem*, est bien évidemment le pays des ARYAS, la Perse; *Turân* est donc un pays étranger, et même, à la façon dont on emploie le mot, ennemi.

Or, à en croire les Iranistes modernes, il n'y a aucun doute à avoir sur la nationalité de ces ennemis : Johnson, par exemple, dans sa réédition, devenue classique, du *Dictionnaire de Richardson*, dit sans hésiter :

« توران *Turân*, Turcomania, Turkistan, Transoxiana. »

« توراني *Turâni*, Ascythian, a Turcoman. »

M. Spiegel, qui a, comme chacun sait, consacré sa vie à étudier dans leurs plus minimes détails les antiquités de la Perse, emploie à chaque instant dans ses ouvrages le mot « turânisch », comme synonyme tantôt de « türkisch », tantôt de « mongolisch ». J'en vais citer quelques exemples, empruntés à son dernier ouvrage, celui qui résume tous ses travaux, son *Eranische Alterthumskunde*, dont le premier volume porte la date de 1871.

Après avoir, au § 4 de son chapitre sur l'Ethnographie, représenté, d'après le témoignage des voyageurs, les Hazâres et les Aïmaqs, qui habitent entre Hérât et Kâbul, comme des *Mongols*, et au moment où, dans son § 5, il va parler des nations turques, ou mieux turcomanes, des environs de Balkh, il commence ce § 5 par ces mots :

« Wenn wir bei den Bewohnern des Ghor, den Aïmaqs und
« Hazâres, zu der Ueberzeugung gekommen sind, dass sie zwar eine
« starke *turanische* Beimischung erhalten haben, viele von ihnen
« aber auch ächte Erânier sind, so lässt sich nicht dasselbe von den
« Stämmen sagen, welche wir an dem Nordrande Erâns treffen, wenn
« wir weiter nach Westen vorrücken. Wir treffen da eine rein *tür-*
« *kische* Bevölkerung. »

Plus loin, dans son § 12, qui sert de conclusion générale au chapitre de l'Ethnographie, il ajoute encore :

« Das *turânische* Volk hat sich ferner, wie wir gesehen haben, in
« dem sogenannten Ghor, der Berginsel der *Aïmaqs* und *Hazâres* festge-
« setzt und streift noch über sie hinaus bis Turshîz. Türkische Horden
« findet man am Etrek, in Mâzenderân, Adserbaijân ist ganz von ihnen
« besetzt und von dort aus haben sie östlich Fortschritte gemacht bis

« gegen Qazvîn. Ja, nicht einmal das Innere Erâns ist von *turânischer*.
« Einwanderungen verschaut geblieben und wir haben in den Beilagen
« eine Liste von Horden *türkischer* Abkunft gegeben, welche im
« Innern Erâns Wohnsitze genommen haben, etc., etc. »

Je pourrais citer bien d'autres passages et m'appuyer sur l'opinion
d'autres auteurs : par exemple Castrén, dans un passage cité par
M. de Ujfalvy, dans ses *Mélanges altaïques*, croit à une « parenté étymo-
« logique entre le *Turk* et le mot *Turán*. » Mais ces citations ne pour-
raient servir qu'à une chose, à prouver que la question a besoin d'être
éclaircie, et le seul moyen de l'éclaircir, c'est de l'aller étudier à ses
sources, dans les écrits traditionnels de la Perse.

C'est ce que je me propose de faire dans les pages qui vont
suivre.

PREMIÈRE PARTIE.

PREMIÈRES TRADITIONS. — *Selm* ET *Tûr*, SYNONYMES *Arûm* ET *Thôz*

1. — Le *Minokhired* (*Maïnyo-i-kard* ابو سد . . د . مئنویکرد plus
correctement), sorte de manuel de la religion mazdéenne, composé,
suivant toute probabilité, sous les derniers Sâssânides (du vi⁰ au
viii⁰ siècle de notre ère), contient au chapitre xxi la phrase suivante,
qu'il dit empruntée à un auteur plus ancien :

anèrî i Arûmâigâ u Turukâ ca, awâ Erânagâ, bûn ezh ã khîn bûd,
yashã pa awazadan i Eraz zâd, u andã frashègard hamè paëvandad·

« L'inimitié des gens d'Arum et des Turcs avec ceux d'Irân a pris
« naissance dans la vengeance de la mort d'Eraz; elle durera jusqu'à
« l'éternité. »

Il n'est pas douteux que *Turukã*, ne soit le moderne ترکان
Turkân, et ne veuille dire « les habitants du ترکستان *Turk-i-stân* »,

tout comme il est probable que l'auteur entendait désigner par

ژ *Arúmáïgã*, le peuple qu'on nommerait aujourd'hui

روميگان *Rúmí-gàn*, c'est-à-dire « les Romains ». L'histoire des Sâssânides rend cette manière de traduire parfaitement vraisemblable.
Seulement, je dois faire observer que tout à l'heure nous trouverons
cette expression de « gens d'Arûm » servant à désigner des ennemis
de la Perse qui ne pouvaient être des Romains.

Constatons en passant que la version sanscrite de Neriosengh ne
peut nous servir aucunement à établir la signification de nos deux
noms ; le docteur indien se contente en effet de dire

अनादेशचरता या ॰ इमीनां तुरुक्वाणाच्च सममेरानिकैः *anâdêça-ca-
ratá yá Arúmînán Turukvánánca samam Erânikaih.* On chercherait en

vain अरूमि *Arûmi,* तुरुक्व *Turukva,* et même एरानिक ou plus correcte-

ment एराणिक *Eranika* dans un dictionnaire sanscrit.

Le motif de ces inimitiés, de ces hostilités éternelles est, dit le Minokhired, « la vengeance du meurtre d'Eraz ». Neriosengh nous met sur la
voie de la légende à laquelle il est ici fait allusion, car il paraphrase en di-

sant द्वेषात्सम्भूता यो व्यधेन एरजस्य फ्रेदूनपुत्रस्य सञ्जात: *dvêshât
sambhûtá yô vyadhêna Erajasya Phrêdúna-putrasya sanjâtah.* Il s'agit
donc d'*Eraz*, fils de *Feridûn*, et dès lors nous avons un souvenir de la
tragique histoire des fils de ce héros légendaire que Firdausi a racontée
longuement dans son Shâh-nâmeh. Essayons de la résumer en quelques mots.

2. — Le personnage semi-mythologique que Firdausi appelle

فریدون *Feridûn* ou آفریدون *Âfridûn*, mais que son nom zend

فراویثره *Thraetaona*, et sa qualité de « fils d'*Athwya* اثویه

rendent identique au védique त्रित *Trita*, fils d'Âptya आप्त्य ; celui qui
délivra la Perse du monstre babylonien *Dahâk* (Cf. Yasht V, v. 29 :

اژیدهاکو . . . باوریش پئیتی دنهاویه

Ajis-Dahâkô.... Babhrôis paiti danhaoyê et Mujmi ut-Tewârikh,

ضحاک .... بزمین بابل نشست Zôhâk... ba-zemin i Bâbil nishaçt); —
celui qui recueillit, suivant l'expression de l'Avesta, la « Majesté

royale » ﺧﻮﺍﺭﻧﻮ qavaem qarenô perdue par Yima

le beau ﯾﻤﺨﺸﺎﺋﺘﺎ Yima kshaeta ou جمشید Jemshid ; —
FERÎDÛN eut trois fils, qu'en raison de leurs caractères il nomma

سلم Selm, تور Tûr et ايرج Irej. SELM était tant soit peu poltron ; car,
à la vue d'un monstre, qui n'était, du reste, que Ferîdûn lui-même se
cachant sous cette apparence pour les éprouver, et bien

> Ki ô bûd pur mâzah o tâj-var

« qu'il fût plein de majesté et porteur de couronne »

néanmoins,

> Sabuk pusht bè-namûd o bè-girîkht zawy.
> « vite, il tourne le dos et prend la fuite. »

Tûn, au contraire

> ..... Ez âghâz têzî namûd
> 'Z atesh murr ô râ dilîrî fuzud
> .....   sbîr dilîr
> Kujâ zhandeh pîlesh né-ârd be-zir.

« dès l'abord a montré son audace ; son courage est plus ardent que
« le feu..... c'est un lion vaillant auquel un éléphant horrible ne sau-
« rait faire peur. »

Enfin,

> Digar kihter : ô mard bâ hang o jang,
> Ki ham bâ shinâb-ast, o ham bâ derhang.
>
> . . . .
>
> Dilîr o javân o hushîvâr bûd.

« Quant au plus jeune, c'est un homme de prudence et d'ardeur,
« qui sait se hâter et qui sait tarder. ..... Courageux, plein de jeunesse,
« sage. »

Ce dernier fils a donc toutes les qualités grandes, nobles, qui font
l'homme vraiment distingué. « Aussi son nom est-il en harmonie avec
un si beau caractère. »

K'nûn Irej andar-khôr nâm i ôé,

dit Firdausi; et en effet ce nom est en zend ددد)دد *Airyu*, dérivé de l'adjectif دد)ددد *airya*, qui, comme le sanscrit आर्य *arya*, veut dire « noble, distingué. »

Comment cette forme simple, régulière, *Airyu*, est-elle devenue dans le Bundehesh دد)دد *Eryac* ou *Eréc* et plus tard en Pârsi ()دد *Eraz*; ای *Irej*? en persan moderne. — C'est ce que je ne puis en aucune façon expliquer.

Mais ce nom est le seul des trois dont il soit possible de donner une étymologie, bien que la légende fort longue que raconte Firdausi soit assurément inventée pour en tenir lieu.

Remarquons du reste en passant que dans les documents anciens le nom du second fils n'est pas *Túr*, mais au Bundehesh ایس *Tóc*, au Minokhired دلبو *Thôzh*, ce qui devrait faire en persan توز *Tóz* et non تور *Túr*. Aurait-on oublié, depuis l'adoption de l'écriture arabe, le point diacritique sur le *za*? — C'est la seule explication rationnelle qu'on puisse donner de ce changement; car, dans aucune des écritures anciennes de la Perse, les deux formes du mot ne peuvent prêter à confusion, comme on s'en peut convaincre en jetant les yeux sur le tableau ci-dessous :

	Tôc ou Thôzh.	Túr.
Écriture Arsacide.	[pehlevi glyph]	[pehlevi glyph]
— *Sassanide (inscriptions).*	[pehlevi glyph]	[pehlevi glyph]
— *pehlevi des monnaies, 1re époque.*	[pehlevi glyph]	[pehlevi glyph]
— *pehlevi des monnaies, 2e époque.*	[pehlevi glyph]	[pehlevi glyph]
— *do des manuscrits.*	[pehlevi glyph]	[pehlevi glyph]

La confusion aura été amenée par le désir de rapprocher le nom de notre personnage de celui du pays sur lequel il régnait.

Mais n'anticipons pas sur notre récit :

> Be sih bakhsh kard Afrîdûn jihân :
> Yekè Rûm o khâver, yekè Turk o Cîn,
> Suvum dasht-i gurdân-i Irân zemin.
> Be-khastîn be-Selm andarûn be nigrîd ;
> Ham ô Rûm o khâver mer i ô-râ guzîd.
>
> .   .   .   .
>
> Digar Tùr-râ dad Tûrân zemîn :
> Ô-ra kard salar-i Turkàn o Cìn ;
>
> .   .   .   .
>
> Jihân-i pak-i Tûrân shâhesh khândand.

« En trois parts Afrîdûn divise le monde : l'une est Rum et l'occi-
« dent ; l'autre, le Turkestan et la Chine; la troisième, la plaine des
« héros de l'Iran. — Il jette d'abord les yeux sur Selm, et choisit pour
« lui Rûm et l'occident..... Puis à Tùr il donna la terre de Turan et le
« fit souverain des Turcs et de la Chine..... Le saint pays de Tûrân le
« proclame roi. »

Quant à Irej, il reçut naturellement pour apanage « la terre
d'Irân. »

Ainsi voici un partage du monde entre les trois fils de notre personnage légendaire, qui répondent aux trois noms que nous trouvions
tout à l'heure dans le Minokhired, car

ꦥ Arîmâigã	répond à	روم و خاور	Rûm o khâver
ꦥ Turukã		ترک و چین	Turk o Cîn
ꦥ Erânagã		ایران زمین	Irân zemîn

Et cette tradition est fort ancienne, ainsi que nous l'allons voir.

3. — Adressons-nous d'abord au Bundehesh, ce précieux recueil
de légendes iraniennes, qui, bien qu'on ait voulu placer sa composition
après la conquête arabe, n'en renferme pas moins bon nombre de
renseignements puisés à une source ancienne, et remontant pour sûr
au moins à l'époque des Sàssânides, souvent plus loin.

La fin du ch. xv (p. 37 du fac-simile de Westergaard) raconte que le
monde a été peuplé par 15 couples dont 9 sont passés «. sur le dos du
« bœuf *Sarsaòk* au delà de la mer *Paradnkart* (celle qu'on appelle en
« zend *Vóuru-kasha*), dans les six *keshvárs* (continents) situés de l'autre
« côté », tandis que ܣܪܣܘܟ ܟܘܕܒܪ ܣܝܪܘܠܕܕ ܘܢ ܟܠܐܢ

VI sertak martum pavan Qaniraç mâned hômand, « six espèces
« d'hommes sont restées dans le Qaniraç ». Ce سرلد *Qaniraç*, en zend
[zend] *Qaniratha*, est le *Keshvar* [pârsi], en pârsi [pârsi],
[zend], en zend [zend] *Kareshvaré*) ou « division du
monde » dans lequel nous habitons.

(Qu'il me soit permis, en passant, de faire voir, à l'aide de ce mot,
combien peu il est possible de se fier aux Pârsis pour la lecture du
pehlevi. Dans la seule transcription en lettres pârsies du Bundehesh,
on trouve les orthographes suivantes :

[pârsi characters]

tandis que le Minokhired contient la vraie leçon, [pârsi] .)

Les contrées peuplées par ces six couples ne sont pas encore bien
identifiées, et je craindrais d'être entraîné trop loin en cherchant à en
discuter les noms ; toutefois il semble que l'auteur en distingue un
certain nombre par la qualification de سرلد *anèr*, primitivement « non
ârya », sens dans lequel le pluriel de ce mot est employé dans la
formule :

[Pahlavi script]   *Malkin malkâ Aryân w
                         Añaryân,*

[Pahlavi script]   *Malkân malkâ Erân u
                         Anêrân,*

aux inscriptions, mais qui prit bientôt le sens d'ennemi, comme nous
l'avons vu par son dérivé [pârsi] *anèri*, « hostilité », au début de notre
passage cité plus haut du Minokhired. Or, en tête de ces contrées
ennemies sont nommés

[pârsi script]

Zak i pavan Tûr matâân ; zak i pavan Çarm matâ it-i Arûm : « Ceux
« qui sont dans les pays de Tur ; ceux qui sont dans le pays de Çarm
« (ou Selm), qui est Arum ».

Tout à l'heure le Shâh-Nâmeh nous disait que Selm avait eu en apa-

nage le pays de Rûm : le Bundehesh nous dit que la contrée appelée
Selm est la même que celle nommée Arûm. — Nous retrouvons donc
encore ici la même triade qu'au Minokhired.

Enfin, dans l'Avesta même, au Yasht XIII, le poëte, adressant ses
hommages aux *ferouers*, dit, à la strophe 143 :

Airyanãm daqyunãm   narãm ashaonãm   fravashayô yazamaidhê,
    d°   d°   *nairinãm ashaoninãm*   d°   d°

« Je vénère les ferouers des hommes justes des contrées *Ira-*
« *niennes :*

« Je vénère les ferouers des femmes justes des contrées *Ira-*
« *niennes ;* »

Et répète la même invocation en changeant successivement l'adjectif initial en

Tûiryanãm, « Touraniennes »,

Çairimanãm, « Çarimiennes » ou « Selmiennes ».

Ainsi, la tradition constante des Persans, à toutes les époques,
groupe, mais en les opposant, trois nations principales, savoir :

dans l'Avesta,	Airya,	Tûirya,	Çairima.
au Minokhired,	Eranigã,	Turukã,	Arûmaigã.
au Bundehesh,	Erânikân,	Tûr matâân,	Çarm ît-i Arûm.
au Shâh-Nâmeh,	Irân,	Tûr o Cîn,	Rûm o Khâver, part
			de Selm.

Quoique ce soit la détermination de la seconde de ces contrées qui
fasse l'objet de cet article, nous allons procéder par élimination, en
cherchant d'abord ce que peuvent être les deux autres : notre champ
d'investigation, en ce qui concerne le *Tourán,* sera ainsi un peu plus
limité.

4. — Le premier nom ne donne lieu à aucune difficulté : il désigne
bien la contrée des Aryas, frères de ceux de l'Inde, parlant une langue
sœur du sanscrit, et proche parente du grec, du slave et du tudesque ;
c'est donc bien ce que nous autres Occidentaux appelons « la PERSE ».

La troisième demande un peu plus de recherches : heureusement le Bundehesh nous fournit à son sujet des renseignements géographiques très-précis. Ainsi, nous lisons au ch. xx de ce livre :

Digrat rût min Çarmân benâ dâtûnit, pavan Khucistân ver zerâé rîcit, « le fleuve Tigre sort du pays des Çarm, et roule vers la mer près de « la Susiane ».

D'autre part, le Bundehesh lui-même et toute la tradition pârsie nous donnent *Çarm* ou *Selm* comme synonymes de Arûm : or, nous trouvons, au sujet de ce dernier nom, au même ch. xx, et quelques lignes plus haut que celles que nous venons de citer :

Frât rût bûn i khânan min vêmand Arûm; pavan Sûraçiân vashimûnand; ver Digrat-rût rîcit. « L'Euphrate a les fondements de sa « demeure (c.-à-d. *sa source*) aux limites des Arûm; dans la Syrie, on « boit (m. à m. *on mange*) [ses eaux]; il coule dans le Tigre ».

Faut-il conclure de là que *Çarm* et *Arûm* n'étaient pas tout à fait synonymes, mais désignaient les deux vallées contiguës formées par le cours supérieur du Tigre et de l'Euphrate? C'est possible, mais je crois, d'après ce qui va suivre, qu'en ce temps-là comme aujourd'hui, ces deux vallées étaient habitées par la même nation, que l'on nommait alors indifféremment du nom de l'un ou de l'autre des districts naturels de son pays, ou mieux, comme j'essayerai d'en donner la preuve, qui portaient un seul nom, mal lu à une certaine époque par les Parsis. — Mais continuons à chercher dans le Bundehesh les renseignements relatifs à ce pays d'Arum. Nous lisons encore au même ch. xii :

kôf i Arçûr zak i pavan kust i Arûm, « le mont Arzûr est celui qui est sur le côté d'Arûm ».

Ne serait-il pas possible que le nom moderne d'Erzeroum ne fût qu'une transcription d'une ancienne forme pehlevie, *Arçûr i Arûm,* « l'Arzûr d'Arûm »? — Là mention de la contrée après le nom de la montagne était nécessaire pour distinguer l'Arzûr en question (appelé aussi, quelques lignes plus haut, ‍‍ *Arzûr*

bûm, « l'Arzûr terrestre ») d'une autre montagne du même nom,
définie de la manière suivante, toujours au même ch. xii :

*Kôf Arzûr i grîvak cikat-é pavan babá i dushkho, mann-esh hamwar
shidáán dváreshnih tamman vakhdurand*, « le mont Arzûr-grîvak est
« un sommet à la porte de l'enfer sur lequel tous les Satans font leur
« assemblée ».

Ce dernier Arzûr est plusieurs fois nommé dans l'Avesta°: sa défi-
nition, que je viens de citer, est même empruntée au v. 23, Fargard III,
du Vendidad, où on lit :

Yat Arezûrahé grevaya, ... yat ahmya daêva hendvarenti. « Sur le
« sommet de l'Arzûr, où les Daèvas s'assemblent ». — D'après la tradition, il s'agit ici du DEMAVEND, le grand volcan voisin de Téhéran.

5. — Et ceci m'amène tout naturellement à citer le passage suivant,
que je lis dans une notice insérée par M. Boscawen au t. IV, p. 292,
des « Transactions of the Society of Biblical Archæology (1876) ».

« M. Gladstone, in his work on the « Mythology of Homer » states that the
« entrance to the underworld was in « the East, by the ocean river, at a
« full day's sail from the Euxine, in the country of the cloud-capped Kim-

« merioi ». The Kimmerioi are evidently the ▷⟜⟨ ≣⩫ ≣⊢⟨⟨ ⟨⟨ ⟨⟨

« the Gi-mir-ra-ai with whom Essarhaddon fought in the north-east
« of Assyria.

« These people, during the period of depression of Assyria, in the
« eighth century B. C., had come down from the shores of the Euxine
« and penetrated as far as Armenia. May they not in the early days have
« been connected with the primitive *Accadi*, or « highlanders », whose

« tradition centered round the Kar-sak-Kurra ⟨⟨≣ ⊣⟨⟨⊢ ⟩ ≣⟨⟨

« the « Mountain of the World », situated in Armenia? From these
« Accadi the Assyrians received their traditions ; may not the Gimirrai
« have done so? Or perhaps at that period at which the mythology of

« Homer was settled, the Gimirrai may have been in Armenia, the
« land of the « Karsak Kurra » and hence the placing there the en-
« trance to the Underworld ».

Le rapprochement fait par M. Boscawen n'est donné, on le voit,
que sous forme dubitative; il n'en est pas moins digne d'attirer notre
attention, d'abord à cause de l'analogie curieuse des deux traditions
ionique et persane, recueillies à des époques si différentes, puis parce
que le nom de   *Kur-ra*, par lequel cette montagne est dési-
gnée ici, est aussi le nom de la Mésopotamie,   *Mat-Kurra*,
ou comme on voudra le prononcer. Quel est le sens de ce groupe? Je
le laisse à décider aux assyriologues; je me contenterai seulement de
remarquer que si M. F. Lenormant le rend par « l'Orient », sur la foi
d'une liste des points cardinaux que cite M. Ménant dans son « Sylla-
baire », t. II, p. 358, M. Boscawen l'interprète par « le monde » ou
« la terre »; en sorte que notre nom pehlevi *Arcûr bûm* pourrait bien
n'être que la traduction littérale de Bharsak Kurra.

Du reste, le pays d'Arûm paraît s'être étendu en dehors de
la vallée du haut Euphrate, ou, pour être plus précis, et d'après ce
que nous venons de dire, de la vallée d'Erzeroum; car la version
pehlevie du Vendidad, Fargard I, v. 77, pour traduire le zend

upa aodhaêshu Ran'hayâo,

« sur les eaux de la Ranha ou Rasâ », a la paraphrase suivante :

*me'im pavan ôdhâi Arvaç-
tân i Arûm*, qu'on ne sait pas bien comment traduire, à cause de

ou , de la lecture duquel on n'est pas sûr, mais qui
rapproche d'*Arûm* un pays nommé *Arvaçtân*. D'après Justi (Vocab. du
Bundehesh, s. v.), on retrouverait le nom de ce pays dans un
mot arménien, , le dernier étant une
portion de l'Assyrie. Je n'ai pu contrôler aucunement cette citation, ni
savoir où Justi l'a puisée; mais si elle est exacte, elle nous prouverait
que l'*Arûm* des Sâssânides descendait assez bas le long du cours de
l'Euphrate.

Précisément Tiglat-pal-asar Ier, dans sa célèbre inscription plusieurs fois traduite par les assyriologues, fait mention d'un pays

d'Arûm, ⟨cuneiform⟩ *Mat A-ru-ma* [1], qui paraît assez bien répondre au nôtre ; voici en quelles circonstances. — Il vient de soumettre le ⟨cuneiform⟩ *Mat Kum-mu-hi*, la « Commagène », et, dans la même expédition, sans rentrer dans la métropole, il porte ses armes dans le ⟨cuneiform⟩ *Mat* MIL-DISH (section VII). Il est vraisemblable que ce dernier nom est écrit ici idéographiquement ; car tandis que Tiglat-palasar qualifie le pays de ⟨cuneiform⟩ *shaprak mate*, « extensive country », comme traduit Rawlinson, la dénomination ne se trouve conservée nulle part dans le voisinage de la Commagène. Peut-être faut-il prendre ⟨cuneiform⟩ *mil* ou *ish*, dans un sens idéographique de « montagne » (V. Sayce, nᵒ 204).

Quoi qu'il en soit du pays qu'il veut aller conquérir, Tiglat-palasar doit, pour y arriver, traverser le pays d'*Arûm*, et voici ce qu'il en dit :

Ina mat Aruma
hiqli pashqi, sha ana metik markabâte-ya .
lâ natû : — markabât lu8ezib.

« Au pays d'Arûm le sol est accidenté, de sorte qu'au passage mes « chars ne se mouvaient pas : je dus abandonner les chars. »

---

1. Tous les documents assyriens qui ont servi de base à la discussion qui va suivre, sont dus à l'obligeance extrême de M. l'abbé Léger, qui a bien voulu mettre très-complaisamment à mon service sa bibliothèque, et, ce qui vaut mieux encore, sa science.

Cependant plus loin (section XV), on lit :

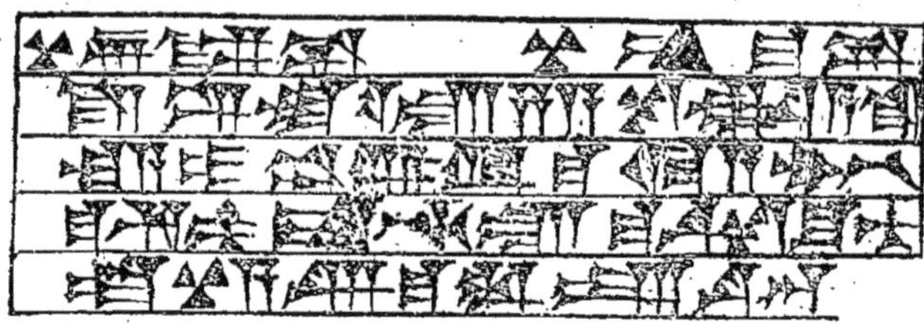

Mat Saranit   Mat Ammanit
     sha ishtu yùm zâté kandsha
     lâ yidu8ù, kima tul abube
     ashRup; itti   8ummanate-shunu
     ina mate Aruma altânan,

« Les pays de Saranit et d'Ammanit, qui depuis de longs jours ne
« connaissaient pas la soumission, comme des tas de grains je les
« abattis ; avec leurs armées dans le pays d'Arûm je me mesurai ».

Le pays d'Arûm n'était donc pas *partout* tellement accidenté qu'il
ne fût possible d'y ranger quelque part deux armées en bataille.

Donc l'*Arûm* des Assyriens, comme celui du Bundehesh, désigne
la partie septentrionale de la Mésopotamie, en remontant au nord jusqu'aux sources de l'Euphrate, mais en descendant au sud dans une
région déjà assez plate.

6. — Et ceci va nous ramener à une conséquence historique impor-
tante : à expliquer d'où vient que pour *tout l'Orient musulman* la Grèce

s'appelle روم *Rûm*, les Grecs sont des روى *Rûmi*. On admet générale-

ment que cette dénomination a été empruntée à l'empire romain de
Constantinople : je vais essayer de démontrer qu'elle est plus ancienne
et dérive précisément de l'*Arûm* dont nous parlons en ce moment.

Et d'abord, j'ai dit que pour *tout l'Orient musulman* le nom de
Rûm s'applique à la Grèce : j'en citerai pour preuve, par exemple, le

début de la grande chronique malaye شجرة راج ٢ ملايو *Shejaret Rája*

Rája Maláyu.

كات يغامغون جرترا قد سوات ماس بهوا راج اسكندر انق راج
دراب د روم بغسان مقدونية نام نكرين ذو القرنين گلرانن ۞

*kâta yang ampuña ceritera pada suâtu mâsa, bhava Râja Iskander,
anaq râja Darâb* DI RUM *bangsâña, Maqedunia nâma Negri-ña, Zu
'lqarnein gelara-an-ña, etc.*

« Les gens qui possèdent les récits disent qu'un certain jour le roi
« Alexandre, fils du roi Darius (sa race est *grecque*, Macédoine est le
« nom de son pays, « Aux deux cornes » est son surnom d'hon-
« neur...), etc. »

Or, l'*Iskander rûmi* اسكندر رومى des écrivains musulmans s'ap-

pelle au Bündehesh ﮐﻮﺳﻠﺪ ﺝ ﻟﻟﻮﺳ *Çakander i Arûmak;* et cette

dénomination ne paraît pas avoir été empruntée à l'arabe, car les
Arabes eux-mêmes sont nommés dans le passage auquel je fais allu-

sion (fin du chap. XXXIV), et y sont appelés ﻮﺳﻮﺟﻮﺳﻣ *Tâcîgân* (un « che-

val arabe » est encore dit aujourd'hui تازى *tâzy*, en persan, et *ιπιμἀμ̣*

tajik, en arménien), mot dans lequel on doit bien certainement

reconnaître le syriaque ܛܝܝܐ *Tayoye.* — Ici, comme pour tous ses
autres mots sémitiques, le pehlevi n'a donc fait son emprunt qu'au
syriaque.

Or, en syriaque, tandis que le nom de ROME est ܪܗܘܡܐ *Rhoma,*

celui des ROMAINS ܪܗܘܡܝܐ *Rhomâyê,* les GRECS sont désignés, déjà,

dans la version du Nouveau Testament par un mot spécial ܐܪܡܝܐ *Armoyê.* M. Payne-Smith, dans son *Dictionnaire,* consacre à cette expres-

sion un article spécial d'où résulte que ܐܪܘܡ *Arôm* (les Occidentaux

écrivent à tort ܐܪܡ sans *waw*) désignait une région située au nord de
la Syrie proprement dite, et à cheval sur les deux rives de l'Euphrate;
à ce pays doit être rapporté certainement l'*Aram Tsoba* (en syriaque

ܐܪܘܡ ܒܪ ܬܨܘܒܐ *Arôm bar Tsaubâ* avec un *waw*), contre lequel guerroyèrent Saül et David, lequel était assurément au nord de Damas, même de Hamath (V. Maspero, *Histoire ancienne*, carte de la Syrie), et

peut-être, comme l'a pensé Gesenius, aux alentours de ܢܨܝܒܝܢ *Nisibe*.

Le syriaque écrit encore par un *waw* ܐܪܘܡ ܒܪ ܪܚܘܒ *Arôm bar Rofiôb*, autre contrée voisine de la précédente, mais sur laquelle je n'ai recueilli jusqu'ici aucun renseignement précis. Enfin, le lexique de Georges Karmsedinoyo, cité par Payne-Smith, définit comme suit le mot dont nous parlons :

Orom shêm meditto de-ñan'fê, aukith ñoron Satíq'thô ; u nos'bhin men-oh Armoyê..... armoyê kemath ñan'fê, halníqê, ñal'fê. « *Orom* est « le nom d'une ville des païens, à savoir l'ancienne Harran ; et l'on « en tire *armoyê.....* car *armoyê* signifie païens, GRECS, profanes. » « — Ce passage nous fait voir que la qualification d'*Armoyê* s'appliquait aux Grecs *en tant que païens, profanes.*

Plusiéurs autres exemples, cités par Payne-Smith, conduisent à la même conclusion ; d'autres démontrent que les Syriens faisaient une grande différence entre *Armoyê* les payens, *Aramoyê* les *Araméens*, et déjà M. Nöldek, dans un article (*Zeitschrift der Deutschen Morgenlandischen Gellesschaft*, 1871, p. 113) sur les noms de la nation Araméenne, a appelé l'attention des savants sur ce fait ; mais ni lui, ni M. Payne-Smith n'ont pu donner l'explication véritable de cette distinction, parce qu'ils n'ont pas eu connaissance de notre mot ܐܪܘܡ

Arûm, et n'ont pas, par suite, reconnu l'importance du *waw* qui figure dans le syriaque *Oromoyo*, ou, prononcé à l'orientale, *âràmâyâ* ܐܪܡܝܐ, « habitant de la Syrie, » dérive de Arâm אֲרָם ܐܪܡ, avec *à* long persistant dans la seconde syllabe ; au contraire *armoyo*,

ܐܪܡܝܐ « païen, » provient très-régulièrement, suivant les lois phonétiques hebræo-araméennes, d'un thème *arm*, pouvant faire, lorsqu'il est isolé, *arum*, avec *u* voyelle faible, disparaissant devant les suffixes, et en particulier dans la formation des dérivés. Il en résulte que *Armoyo* est formé de cet *Arm*=*Arum* à l'aide du suffixe sémitique - *ay* des « nomina gentilitia, » absolument comme du même *Arm*, avec le suffixe *ârya* équivalent – *ina* dérive le perse 〈cuneiform〉

Arm-ina, transcrit par 〈cuneiform〉 *Arminuya*, en Médo-scythique, forme la plus ancienne officiellement connue, du nom de la contrée où le Tigre et l'Euphrate prennent leur source.

7. — De toute cette discussion de textes, un peu longue peut-être pour le présent article, il résulte, je l'espère du moins, que :

Dès l'antiquité la plus reculée, la contrée où l'Euphrate prend sa source, contrée montagneuse où se trouve un pic (*arzûr*) très-remarquable, a porté le nom d'*Arm*, qui, lorsqu'il était isolé, se prononçait *Arum*. Le souvenir de ce nom est conservé dans ceux de l'ARMÉNIE, d'ERZEROUM, et dans la qualification syriaque d'*Armoyé*, arabe de *Rûmi* donnée aux GRECS en tant que « païens, profanes », et peut-être en tant que venus en Syrie en passant par la contrée en question.

Et l'existence de ce nom établie, surtout dans sa forme radicale *Arm*, il n'est pas difficile, je crois, d'expliquer d'où vient que la légende moderne, au lieu de cet *Arm*, dit *Çarm* ou *Selm*. Que le lecteur veuille bien jeter les yeux sur le tableau suivant, dans lequel j'ai rapproché les deux mots *Arm* et *Çarm* écrits dans toutes les formes de l'alphabet pehlevi :

	Arm.	Çarm.
Arsacides.		
Sássánides. inscriptions.		
— *monnaies, 1re époque.*		
— — *2e époque.*		
Manuscrits.		

J'ai pris l'avant-dernière forme sur une monnaie publiée par M. Mordtmann (*Zeitschrift* der *DMG*, t. VIII, n° 787, et pl. 1, n° 23), et dont voici la légende, laquelle se lit, parce que l'histoire l'exige, *Selim*

i Zeyatan, « Selim, fils de Zeyâd », mais où l'on pourrait au premier abord être tenté de lire *Arm*.

Et, en résumé, nous devons comprendre et rendre scientifiquement la portion de légende relative au fils aîné de Ferîdûn de la façon suivante :

« *Selm* ou *Arm* eut pour sa part l'*Arûm* ou l'*Arménie* et l'Occident. »

8. — Continuons à analyser le texte du Shâh-Nâmeh, qui va nous donner de nouveaux détails intéressants relatifs au *Touran*.

Les deux fils aînés de Ferîdûn ne tardent pas à être jaloux de la part attribuée à leur frère, qu'ils trouvent préférable à la leur. Ils en adressent à leur père des reproches amers : une véritable dispute par ambassadeurs s'engage entre Ferîdûn et ses fils, laquelle va s'envenimant de plus en plus et menace de se terminer par quelque acte de violence, lorsque Iredj, qui jusque-là avait ignoré ce qui se passait, vient à en être informé par hasard. Son cœur noble et généreux est profondément peiné en apprenant la façon dont ses aînés ont traité leur vieux père : il est prêt à tous les sacrifices pour faire cesser des dissensions aussi criminelles, et supplie son père de le laisser partir pour aller offrir à ses frères de leur céder son trône et sa couronne, à la condition qu'ils reviennent à de meilleurs sentiments.

Ferîdûn finit par consentir à laisser partir son fils ; il écrit aux deux aînés une lettre pour leur faire part de la décision prise par Iredj ; alors,

> Nihâdand ber nâmeh muhur i shâh.
> Ez ayvânesh Irej guzîd kard râh ;
> Bashud bâ tanhî cand barnâ o pîr,
> Cunân cûn bûd dâh-râ nâ-guzîr,
> Cû tang andar âmad be-nazdîk i shân,
> Na-bûd âgah ez rây i târîk i shân.
> Pezîreh shudand-esh ba âyin i khêsh.
> Sipâh ser ba-ser bâz burdand pêsh.
> Cû dîdand roé i berâdar ba-mihr,
> Yekè târah terper kûshâdand cihr
> Dô pur khâsh-jôyâ, yek nêkè-khôy ;
> Giriftand har sih ba perdeh i serây.
> Be Irej nigâh kard yek-ser i sipâh
> Ki ô bûd sezâver i takht o kulâh,
> Bè ârâm i shân shud dil ez mihr i ôé
> Dil ez mihr o dêv dîdah ez cihr i ôé.
> Sipâh pur-âgandeh shud jift jift ;
> Hameh nâm i Irej bûd andar nahuft,
> Ki în-râ sezâvâr shâhenshâ hî ;
> Juz în-râ mabâdâ kulâh i mihî !

« On appose sur l'écrit le sceau du Roi, Iredj sort du palais pour
« chercher son chemin. Il avait avec lui quelques jeunes gens et vieil-
« lards, ce qu'il était nécessaire pour son service. Lorsqu'il arrive

« auprès [de ses frères], il ne se doutait pas de leur mauvaise inten-
« tion. Ils étaient venus au-devant de lui, pour se conformer à l'usage,
« déployant toute leur armée. Lorsqu'ils aperçurent le visage de leur
« frère exprimant l'amitié, ils étendirent chacun un air sombre sur
« leur figure. Eux deux pleins de malveillance, lui, de bonnes dispo-
« sitions, ils entrent tous trois derrière les tentures du pavillon. —
« Mais chacun dans l'armée avait remarqué Iredj, et avait trouvé qu'il
« était digne du trône et de la couronne. Leurs cœurs, à cause de son
« air sympathique, étaient tout émus de l'amour, de la passion qu'avait
« fait naître en eux sa figure. L'armée, les rangs rompus, se réunit par
« couples, répétant le nom d'Iredj en secret, disant qu'il était digne du
« pouvoir royal, et qu'aucun autre que lui ne devait porter la couronne
« souveraine. »

On conçoit sans peine quel effet produisit sur les deux frères jaloux
la fascination exercée par leur puîné sur toute l'armée. Ils accablent
Irej de reproches, formulés avec dureté et accompagnés de menaces.
Lui leur répond avec calme et douceur, leur offre de renoncer au rang
suprême, aux grandeurs, de leur céder tout ce que son père lui a
donné, mais les supplie de revenir à de meilleurs sentiments à son
égard : leur fureur ne fait que s'accroître. Déjà Tûr, dans son empor-
tement :

> Girift ân girân kursî i zar ba-dast :
> Be-zad ber ser i khosraw tâj.

« saisit à la main ce lourd siége d'or, et en frappe le roi au sommet de
« la tête. »

Le jeune prince se contente de l'exhorter à se calmer, le supplie de
ne pas commettre un crime aussi horrible que le meurtre d'un frère
qui n'a d'autre désir au cœur que d'aimer ses aînés. La fureur de Tûr
atteint son paroxysme :

> Sakhun cand bè-sunîd pâsukh na-dâd :
> Dil-esh bûd pur ez khashm o ser pur 'z bân.
> Yekè khanjar ez mûzah birûn keshîd,
> Ser â pay i ô cadir i cûn keshîd.

« En entendant ces paroles, Tûr ne répondit pas ; son cœur était
« plein de rage, sa tête pleine de tempêtes. Il tira un poignard de sa
« botte, et de la tête aux pieds lui drapa un manteau de sang. »

Cet événement tragique est déjà rapporté par le Bundehesh
(chap. XXII), en ces termes laconiques :

Çarm u Thôc Airèc u farcandan hu-baktak-ân hamâi za-qatal-nant.
« Selm et Thôrh mirent à mort Irej et sa sainte progéniture. »

Le meurtre des enfants est également raconté, mais un peu plus
tard, par Firdausi ; cependant, comme il faut que vengeance soit tirée
de ce crime, une petite fille échappe au massacre. Je continue la
légende, cette fois d'après le recit abrégé du Bundehesh :

Beni-man Frêtûn pavan nihân dâsht. Min zah jukht-è zât. Ver-
manshân âkâsîh bût, ec-shân hammîtar za-qatal-nand. Zak jukht Frê-
tûn pavan nihân kant vad X pativand, amat Manôsh-i-kharshèt pavan
Vînîk naphal-unist. Min Manosh-Karshêd Vini Khâhar Manôsh-qar-
nar; min Manôsh-qarnar, Manôcehr zât, man-esh Çarm u Thôc za-qatal-
nant pavan kîn Airèc.

« Ferîdûn cacha la fille : de celle-ci naquit un couple. Eux (les fils
« aînés) l'ayant su, mirent la mère à mort. Ce couple, Ferîdûn le cacha
« jusqu'à la 10e génération, où Manoskharshèd donna naissance à
« Vini. De Manoskharshèd naquit la sœur de Vini, Manoshqarnar, et
« de Manoshqarnar naquit Manôtchehr, par qui furent tués Salm et
« Thoz, par vengeance pour Irej. »

On lit de même au Minokhired :

U ezh Manoscihar çûd in bûd, ku Salm u Thozh (u yash nyak bûd)
pa kîn Eraz bè awâzad.

« Et Manostchihar a été utile à ceci qu'il a tué Selm et Thôz (et il
« était leur parent), par vengeance d'Eraz. »

Ce vengeur du fratricide, que le Bundehesh, nous venons de le
voir, place à la 10e génération après la victime, mais qui, suivant le
Shâh-Nâmeh, était simplement son petit-fils, est mentionné à l'Avesta,
au dernier vers de la strophe 131 du yasht XIII.

Ashaonô Manus-cithrahê Airyavahê fravashîm yazamaidhê. « Je vénère
« le ferouer du saint Manustchithra, descendant d'Airyu. »

Tel est le seul passage où se rencontre, et dans un patronymique
seulement, le nom du troisième fils de Ferîdûn. Si réellement *airyava*
dérive d'*Airyu*, comme toutes les lois de la formation des dérivés en
zend conduisent à le penser, on ne peut s'expliquer pourquoi le Bundehesh le nomme ‏ببلوي‎ *Airec* ou *Airyac*, le Minokhired ‏ايرج‎ *Eraz*,
le Shâh-Nâmeh ‏ايرج‎ *Irej*. D'après Justi, les Desâtir l'appellent ‏يربشاد‎
Yershad, ce qui est encore moins explicable.

Quant à Minotchehr, comme dit le persan moderne, ou *Manus-
citra*, suivant le zend, après avoir accompli la punition des meurtriers,
il régna en paix sur le pays d'Irân; la fin de son règne seulement fut
occupée de nouveau par des relations hostiles avec les Touraniens;
mais comme la tradition place ces événements à plusieurs générations
des premiers, j'en réserverai l'étude pour une seconde partie.

9. — De ces premières traditions, dont je viens de réunir et de pré-
senter aux lecteurs les divers éléments, on peut tirer, je crois, les
enseignements historiques qui suivent :

Parmi les nations subjuguées par les rois de Babylone (‏رسكن‎ *Ba-
bhrus*), trois voisines se liguèrent entre elles et parvinrent, sous la
conduite d'un certain *Thrétôn* ou *Phrétûn*, à s'affranchir de la domi-
nation tyrannique et cruelle d'un prince qu'ils appellent le « Serpent
mordeur » ‏وسوسسدلك‎ *Aji-Dahaka*. L'une de ces nations,
que par suite probablement d'une erreur de lecture la légende
nomme *Selm* ‏سلم‎, tandis que son vrai nom semble avoir été *Arm*

ﺳﻪ, occupait l'ARMÉNIE et la partie supérieure de la MÉSOPOTAMIE. Une autre était celle des *Aryas* ou IRANIENS. Entre les deux se trouvait un peuple turbulent et tracassier qui, ligué à nouveau avec *Arm-Selm*, chercha noise aux Iraniens et parvint à assassiner leur chef. Ce peuple est appelé par les uns *Tôz*, par les autres *Tûr*. La dernière version est celle de l'Avesta d'une part, du Shâh-Nâmeh de l'autre, et ce dernièr ouvrage est tellement sûr de sa prononciation, qu'il place le peuple en question dans le Turkestan actuel, au voisinage de la Chine. Ici l'erreur de lecture est plus difficile à expliquer que pour *Arm* et *Selm*, parce que la confusion n'existe qu'avec l'écriture arabe. Quant à la place qu'occupait ce peuple, d'un voisinage si gênant, elle devait être à cette époque intermédiaire entre l'Arménie, ou plus exactement les vallées du Tigre et de l'Euphrate et la Perse, c'est-à-dire s'étendre autour des lacs de Van et d'Ourmiah, et peut-être dans tout l'*Aderbaïjan*.

Si donc la leçon *Tûr*, donnée par la tradition la plus ancienne et la plus récente, mais cette dernière s'appuyant, de l'avis de tous les critiques, sur des documents anciens, si, dis-je, *Tûr* devait être accepté, l'application faite par nos Assyriologues de la qualification de *langue touranienne* à celle des inscriptions cunéiformes trouvées à Van et dans le voisinage serait entièrement justifiable.

Et si la philologie venait à trouver des affinités irrécusables entre cette langue arméniaque et celle des inscriptions de Suse, ou encore celle de la deuxième colonne des Achéménides, ou enfin l'Accadien, on serait en droit, de par les Perses, de donner à cette population non Assyrienne et non Arienne la qualification de Touranienne.

La tradition persane fait-elle, de ces *Touraniens* du lac de Van, des parents de ceux que, nous le verrons plus tard, elle place dans le Turkestan? C'est ce que nous chercherons à élucider dans notre seconde partie.

LÉON RODET.